Miguel Ventura

PÉTALO
PARA CONSTRUIR
LO INMENSO

EDITORIAL CUADERNOS DEL LABERINTO
—ANAQUEL DE POESÍA, nº138—
MADRID · MMXXIV

De la edición © CUADERNOS DEL LABERINTO
Derechos exclusivos de esta edición en lengua española:
© Cuadernos del Laberinto
www.cuadernosdelaberinto.com

De la obra © MIGUEL VENTURA

Del prologo © JESÚS URCELOY

Directora de la colección: ALICIA ARÉS

Diseño de la colección © Absurda Fábula
www.absurdafabula.com

El papel utilizado para la impresión de este libro, fabricado a partir de madera procedente de bosques y plantaciones sostenibles, es cien por cien libre de cloro y está clasificado como papel reciclado.

Impreso por Copias Centro (Madrid)

Primera edición: FEBRERO 2024

I.S.B.N: 978-84-18997-64-8
Depósito legal: M-3548-2024

Impreso en España.

www.cuadernosdelaberinto.com

He observado la tranquilidad con que una
flor nace intangible como fulguración

JENARO TALENS

PRÓLOGO

Celebración y conjuro para que
Miguel Ventura levante el vuelo

Muérdago azul que cubre el aire, un signo
Imaginario contra el aire indigno.

Gala de luz urbana para el perro
Umbilicado al alba en su destierro.

Enigma y hombre. La ciudad convoca
Las aristas que un ángel descoloca.

Vientre marino y soledad tangente
Entrecruzada y solitariamente.

Noche que vuelve su sombrero al alba,
Tomando de la sangre que nos salva

Una rosa litúrgica y salvaje
Rota por la fricción del oleaje.

Así quedas poeta: así es el viaje.

JESÚS URCELOY
enero de 2024

PÉTALO PARA CONSTRUIR LO INMENSO

Luna del amor inconfeso, fuente de cristal de amoníaco y confeti, larva hambrienta que busca expectante el anhelado cuerpo.

Rezo descriptivo del siglo: bulbo purulento

del sauce, amarillo como la amarilla sombra

del brujo, no temas esta plegaria, quieta,

como la peste en el cuerpo mudo.

¡Oh, inequívoca pintura rupestre de las nupcias de la abeja y el sapo! ¡Oh, pira de grises falanges! ¡Oh, revelación última del hombre hacedor de enigmas agostados!

Gran héroe del mito, hijo del gran dios Perro,

tú que tienes la fórmula alquímica del agua y

como ídolo ubicuo al fuego, observa en tu

nombre impermeable la fórmula alquímica

del sueño, descubre el magma escondido en

el vientre de un bagre negro.

Viejo abedul del lago, estrella de polen rojizo,

completa el enigmático labio, la sal

compuesta de la sabiduría, el eco ancestral

del desierto, e intuye la fórmula sagrada del

ciego, cantada por un perro.

Sombra sagrada del dios del humo envuelve

de anatemas el granizo. Fue un buen año de

cosechas, de abedules alrededor del lago y

de trigos que permanecían en silencio, bajo la

atenta mirada de los cuervos.

Roto el juramento ancestral, el mundo será

engullido por un perro.

La vida se esconde en cuevas pintadas con la sangre fría de una serpiente y el lápiz hueco de una cohorte de niebla fétida.

Hormiga blanca, hermana de la lechuza,

adoradora del hielo, venenoso enigma,

montaña del insecto, ven, desciende del otro

lado del tiempo, ven y escupe tu

omnisciencia en forma de muérdago, abre el

altar oscuro pegadizo del fuego, derrama tu

sangre rectilínea sobre tus ancestros

los perros.

¡Oh, adorado mago que atesoras la última gota de lluvia vertida en la Tormenta Universal! ¡Que hiciste un hueco en tu cabaña a los seres que no se pudieron cobijar! ¡Que llevas la marca del Árbol en la frente, que permaneces en el margen exterior de un continente inexistente, que no eres alguien físico, sino un ente conmovedor y transparente, inasequible al hombre, y omnisciente!

Pájaro inexistente, que imprimes sobre los
hombres la delgada marca del cuervo,
campana de los siglos que acompañas la
frescura del exégeta, imagen imposible de la
muerte, nadie dormirá en la nieve prevista en
el final de los tiempos.

Cree el hombre, sin embargo, que más que

hombre ya, es su recuerdo.

Olviden cualquier instante previo, pongan en los cuencos sus manos, y beban la sangre del cerdo.

Asomado a la astucia, se acomoda el lobo al recuerdo. Es un dios de la nada. Como de la nada huyen los muertos, convive con panteras microscópicas, que ocupan ahora el tiempo.

Es el hombre un dios para el cuervo.

Sacrificio incruento de planetas retorcidos

obedientes a la muerte, sublimemente extraídos

de la levedad del suelo, silenciosamente

tísicos, fugazmente abrazados al adorado

árbol enfermo, pétalo para construir lo

inmenso.

Sabio ejercicio del caminar impenitente por atractivo músculo del río oscuro, con la alegría ominosa del final cierto, de la definitiva noche del frío aullido, en el beso oculto del cuervo, tembloroso ya en el tiempo.

¡Oh, enmohecida red de magos ciegos!
Deslizad vuestras manos sobre el lecho
grasiento del homúnculo recogido en el
cabañal por un perro negro. ¡Ved entonces
cómo se resuelven grandes enigmas! ¡Cómo
se concatenan grandes acontecimientos!

¡Oh, rayo perfecto de luz divina! Tú que me aprietas las córneas con dulzura, que me aplastas el hígado con amor, tú que hueles a nada como el champú de los muertos, tú que eres bello como la ortiga que sana el alma y enciende el fuego, haz de mí un héroe atroz.

Fabrica el hombre el enigma, espoleado por

el miedo inventa las reglas del mundo.

Umbral escurridizo del sueño, no pensabas que estuvieses escribiendo un cuento, que decía: «miraba el bonobo por la ventana el oscuro plumaje del cuervo...». Deslizaste los cerrojos mágicos que decían: «desciende lava fresca, haz realidad los deseos...» ¡No pensabas que estuvieses escribiendo un cuento!

Frágil carmín del cuervo, errata de la historia,

sombra helada del río muerto, lujurienta

muerte de pesados ropajes en la pulcra

desnudez de nuestros pueblos, debimos

abandonar el dogma, volver a buscar lo que

teníamos dentro, dar un salto en el tiempo.

¡Oh, tiempo pasado, solemne atavío de flores negras y migajas rojas, de cuerpos brillantes en el angosto túnel, distraídamente nos abandonamos a la arqueología, sumamos nuestros espíritus de yeso al salino suelo, al apelmazado estrato presagio del presente!

Sabe el hombre a saltos guiado por los sabios

a destiempo, crea frescos pálidos ideados en

los cuentos, ordena torpemente ahora el

fango, después el fuego, ignora siempre

lúgubre el camino de los vientos.

Caminaba tranquilamente por el campo

y me topé con una piedra irregular

de granito de un tamaño algo más grande

que mi mano. La levanté sin demasiado

esfuerzo y debajo había miles de hombres

microscópicos que correteaban

muy nerviosos de un lado para el otro.

Lo hacían sin llegar a chocarse unos con otros,

lo cual resultaba sorprendente.

Tenían el cabello muy largo

y las uñas muy sucias de escarbar en la tierra.

Compartían lo que parecía ser

su guarida con hormigas y otros insectos blanquecinos. La muchedumbre emitía un sonido atronador en proporción al pequeño tamaño de los seres de los que procedía, pero en realidad no llegaba a ser más que un leve rumor como el que se puede oír al colocar una caracola en el oído.

Hombre, ser banal adorador del fuego.

Boceto humano del cuervo,

gozne oscuro de estiércol,

rito concéntrico en la

inocente mirada del ciervo:

infierno con bellos grabados del cielo.

Hombre que arrojado al mundo

te eriges en fiel seguidor de la nada,

sumido en la metafísica del instante,

canturreas: «¿será el hombre un invento

del tiempo?».

Boga el pigmeo, espejo de lo sagrado

espectro de lo inconexo,

convoca a la lluvia con un rizo del pelo,

oculta a la noche en un cuenco,

mira en el río las exequias del reno.

¡Oh, aquelarre de insectos!

¡Liturgia del cuerno!

sombra maniatada del piélago,

corriente noctívaga del nigredo,

dulce inmundicia del dedo,

¡sauce que dé nombre a lo eterno!

El azar no descansa,

olisquea incólume la lágrima insigne del tiempo,

traza con su abismo el dibujo de un cuerpo.

¡Vértice níveo del cauce!

¡Tráquea del tiempo!

condúcenos al hierático círculo

de la noche obscena,

al infinito vínculo

con el río oscuro,

para alcanzar, ya fuera del tiempo,

la nada blanquecina,

el silencio cuerdo,

será un final cabalístico y eterno,

¡hito indeleble en la mano del árbol hueco!

Desliza el último hombre

su sombra en la saliva

del último día y

canta su oración postrera:

«alabado sea el sol, y

maldito sea este día».

¡Oh, pliegue infinito del tiempo,

testigo del deshielo,

conjura el martirio del hombre

sumido en la desgracia del templo!

El oso accede al día

su falda lleva mi nombre

el fuego ahora me guía.

Gran Ojo de Cuarzo, testigo del

comienzo del mundo, tú que conoces

los secretos herméticos del origen

y tienes en tu dibujo el soliloquio

del tiempo, cuida de nuestros

despojos.

Señalarán al hombre,

lustrarán con fango su lápida de

animal extinto.

¡Ópalo negro del instinto!

¡Hilo inagotable del recuerdo!

Acogerá el abismo

el desvelo de la cordillera,

el círculo ígneo

de la ardilla.

Halló en el búho el hombre

el dedo del ancestro

el cuidado oculto

del legado.

Salid, explorad el liquen que

escondieron aquellos maestros en libros

desvencijados, haced vuestras sus

enseñanzas valiosas, llevadlas

más allá del cielo,

sea como antes dijeron:

«parece que los árboles han dado la vuelta

y tienen la copa en el cielo»[1].

---

[1] Juan Ramón Jiménez. *Platero y yo.*

¡Oh, palabras!

compañeras de los siglos,

oráculos imposibles del azar.

Bellas como la estirpe de orugas

que inventó al hombre.

Conducidle donde

ni siquiera el sapo ha llegado,

enajenado por la huida maldita

de este río inexistente.

Salid al paso de las inquietudes,

Liberaos del peso de lo amarrado

al suelo, saltad sobre los cisnes plateados que

decoran el pórtico

por donde habrán de pasar los

ejércitos. Que no sucumban los ideales

a medida que avancen las tropas de lo vacuo.

Aún derramada, la sangre seguirá

su curso como el breve olfato de un gato.

Ojalá aquellos puentes de hierro se

conviertan en frescos desfiladeros de roca.

Sigue la inercia del mundo el pulso rítmico del

creciente fértil. Manadas de lobos recorren el

paisaje nevado de la luna,

mientras un perro hambriento olisquea las

nubes y lame la nada microscópica.

San Plequelmo de

Roermond,

San Nanfanion,

hombre de Saccopastore,

neardentaloide,

oscilación fría de Wurm,

transgresión flandriense,

raza de Mugen,

recen por nosotros.

En la cabeza del hado,

toda su lengua es de sal,

y se comba como instante,

árbitro del ahora,

certera como un zorrillo.

Lágrima roja del recolector,

ajena al discurrir del tiempo,

alfabeto inédito

de un mundo

obscenamente ingenuo.

Reposo ocre del rezo,

bello alacrán del desierto,

odre mágico del pastor,

polvoriento atardecer

de siglos macilentos,

oculta lepra gris del lémur,

¡barro insigne y azul!

¡Oh, don de la nube,

espuma del charco,

agujero del sueño!

Bosqueja con un dedo el ocaso,

accede con tu hilo al principio,

sobreviva el mirlo a

la desdeñosa mirada del año.

Es inofensiva la muerte

su marca nos pertenece

como el resbaladizo discurrir

del tiempo.

El cuchillo como el exordio perenne

colgando del tallo arriba

sucumbió al torrente de luz.

ÍNDICE ALFABÉTICO DE PRIMEROS VERSOS

Acabose de imprimir esta
primera edición de
*PÉTALO PARA CONSTRUIR
LO INMENSO,*
de Miguel Ventura
el 17 de febrero de 2024,
para conmemorar el
aniversario del nacimiento de
Gustavo Adolfo Bécquer

*Yo sigo en raudo vértigo
los mundos que voltean,
y mi pupila abarca
la creación entera.*

LAUS DEO